AF240343

ÉTUDE HISTORIQUE

SUR LES

MARQUIS DE RAGNY

ET DE

MONT-RÉAL,

Connus sous leurs titres de Villeroy et de Lesdiguières,

AVEC DES DOCUMENTS INÉDITS ET CURIEUX

Sur Lyon, Grenoble, etc.

CETTE ÉTUDE CONTIENT L'HISTOIRE LA PLUS COMPLÈTE

De la maison RAGNY-MAGDELAINE, qui a gouverné la Bresse, le Charolais et le Nivernais,
Celle de RAGNY-LESDIGUIÈRES, qui a gouverné le Dauphiné, celle de RAGNY-VILLEROY,
qui a gouverné le Lyonnais,
Celle des ministres de la Renaissance des lettres : Florimond ROBERTET, Nicolas de NEUFVILLE

ET

Jacques BOURDIN, marquis de Villeines,

ACCOMPAGNÉE DE LA BIOGRAPHIE

du dernier

MARQUIS DE RAGNY.

L'azur, la quintefeuille et le gueule s'unissent
En ce noble blason richement constellé
De licorne d'argent, de lions qui rugissent,
Près de la tour royale au faîte crénelée

A LYON, quai de l'Hôpital, n° 44,

Chez M. **RICHARME**, libraire en Ouvrages rares anciens et modernes.

(Il reçoit les lettres adressées à l'auteur de cette Étude).

1860.

ÉTUDE HISTORIQUE

SUR LES

MARQUIS DE RAGNY ET DE MONT-RÉAL

ACCOMPAGNÉE DE

NOTES BIOGRAPHIQUES

Sur le dernier représentant de cette Maison.

Le titre de marquis de Ragny et de Mont-Réal a été institué, par lettre patente du roi de France Henri IV, datée du mois de juin 1597, signée de lui, au camp d'Amiens, le huitième de son règne.

Le roi Henri IV, dans sa lettre, a institué ce titre, pour récompenser les services de François de la Magdelaine, son fidèle Ragny. issu des ducs de Bourgogne de la première race, petit-neveu par sa femme de Jean Bourdin, trésorier général des finances de France, avec des conditions, dont la principale est, que le titre sera porté perpétuellement et à toujours, soit par un héritier collatéral, à défaut d'un héritier direct ; soit par une fille, à défaut d'un fils; soit par un ayant-cause, sur la renonciation du propriétaire ; de manière à ce qu'il y ait toujours *un Ragny dans le monde.*

On peut lire cette lettre dans les archives de Bourgogne, à Dijon ; M. Capefigue, dans un article inséré dans le journal *Le Voleur*, du 27 janvier 1860, rappelle que de Ragny Ier avait préservé Henri IV du poignard de Châtel (page 203).

Aujourd'hui ce titre est porté pour rappeler le souvenir d'une lignée d'hommes célèbres, qui ont possédé les plus beaux châteaux de France, qui ont allié leur sang à celui du roi François Ier et à celui de Louis Bonaparte de la branche de Corse, qui ont été l'objet des écrivains et des poètes ; qui ont laissé leurs noms et titres à des monuments et à des rues, qui ont élevé de superbes édifices, gouverné les plus belles provinces de France, donné des gouverneurs aux enfants des rois, enfin tenu le premier rang dans la double gloire de la guerre et de la paix ;

Précieux héritage historique, patrimoine national acquis au prix d'un sang héréditairement versé, qui représente tout un ordre de sentiments, d'idées, d'époques, de faits, le passé toujours présent, la vie dans la mort, traduit par *un mot*

Le prix de l'intérêt se consume et s'appauvrit ; les noms patronymiques s'éteignent avec les familles ; un titre de noblesse, seul, reste éternel et impérissable ; c'est un trésor de poésie que les siècles ne sauraient épuiser.

Avant de publier un immense travail historique sur la Bresse, le Bugey, le Charolais, le Nivernais, le Dauphiné et le Lyonnais que les marquis de Ragny ont gouvernés, nous avons cru devoir le faire précéder d'une étude historique.

Le hameau, qui a donné son nom au titre de Ragny, est situé dans le département de l'Yonne, ancienne province d'Auxois, au milieu d'un territoire qui a la forme d'un blason

Ce territoire est confiné à l'orient par le chemin de fer de Lyon à Paris et par la rivière d'Armancon, par la station d'Ancy-le-Franc, dont le palais, construit sur les dessins de la Primatice, peintre de l'école bolonaise, a été habité par le grand Louvois, beau père de Ragny VIIIe du titre ; par la station de Tanlay, dont le château a été habité par l'amiral de Coligny; il appartient aujourd'hui à l'honorable M. Thevenin, marquis de Tanlay.

Il est borné à l'occident par la Cure, l'Yonne et le chemin de fer d'Auxerre, par Saint-Léger, qui a vu naître le maréchal Vauban; par la basilique de Vezelay, appelée la fille de Rome, dans laquelle saint Bernard a prêché la deuxième croisade ; par Druyès, ancien château de Courtenay, empereur de Constantinople, dont la lignée s'est alliée aux Bourdin, aux Mont-Réal et aux Ragny; par les grottes d'Arcy, les plus remarquables de France; par Sacy, qui a vu naître le fécond romancier Restif-de-la-Bretonne ; par Irancy, qui a vu naître Soufflot, l'architecte du Panthéon de Paris et du célèbre Hôtel-Dieu de Lyon ; par Saint-Fargeau, château de l'opulent Jacques Cœur, argentier de Charles VII ; par Auxerre, patrie de Fourier, savant mathématicien de l'expédition d'Egypte, secrétaire perpétuel de l'Académie des Sciences, préfet du Rhône, en 1815; de Sedaine, le créateur de l'opera-comique ; du chanoine Edme Guillaume, inventeur du serpent d'église.

1860

Il est borné au midi par une ligne droite, formant la séparation des départements de l'Yonne et de la Côte-d'Or ; par Montbard, patrie de Daubenton, créateur de l'anatomie comparée, et fondateur du musée de Paris, que le célèbre M. Le Roi, ingénieur, a réinstitué en 1850, sous le titre d'Académie des arts et métiers de Paris ; par Buffon, qui a donné son nom au célèbre Leclerc de Buffon, naturaliste ; par Bourbilly, château qui a vu naître Mme de Sévigné, célèbre par son style épistolaire ; par Bussy-le-Grand, patrie du maréchal Junot, duc d'Abrantes.

La pointe du blason est formée par le confluent de l'Yonne et de l'Armançon, par Joigny, dont le château a appartenu aux marquis de Ragny, alliés aux Gondi de Retz, qui ont donné leur titre de Retz à un quai de Lyon ; la rue qui conduit au château de Gondi, se nomme rue Bourdin ; ce nom appartient aux membres de la cinquième branche des Ragny.

La couronne du blason est formée avec les sources de la Seine.

Au centre de ce territoire est le marquisat de Ragny, auquel a été annexée la châtellenie de Mont-Réal, sur le Serain.

Ce territoire a été surnommé le *Petit Athenes de la Bourgogne*

Le château de Mont-Réal avait jadis quatre tours carrées, des herses ou sarrasines, des machicoulis ou meurtrières verticales ; il était regardé comme la clef de la Bourgogne

Aux termes de l'époque, ce château était
« un castel fleuronné, avec donjon, ajusté
» d'arabesques, orné de cariathides et tout
» contourné de balconnades, et pavillons, et
» tourillons, flanqué de dix-neuf tourelles,
» dont l'une, dite la tour du Roi, portait
» les lys de France, et la salamandre, devise
» du roi Fançois Ier ; d'iceluy château est
» appelé Royal et bien justement. »
La maison de Ragny porte aujourd'hui la tour de Mont-Réal sur son blason.

La basilique de Mont-Réal, sous le patronage de Notre-Dame, est aujourd'hui propriété de l'Etat. Elle a été construite comme le château, par les Anséric de Mont-Réal, sénéchaux de Bourgogne, alliés aux ducs de Bourgogne, souche des Ragny.

La façade de cette église est très-complète ; les parties latérales du porche sont ornées de quatre colonnes à chapiteaux byzantins assez élevés, et de fleurons d'un dessin élegant.

L'eglise est en partie couverte de pierres sépulcrales et tumulaires.

En entrant dans cette église, un attrait indéfinissable s'attache à cet asile de la mort ; chaque pas nous parle d'avenir et d'immortalité ; on trouve au-dessus de soi la majesté du Créateur, autour de soi les leçons de l'histoire, et sous ses pieds le tombeau, le plus grand des maîtres.

C'est dans ce temple auguste et terrible qu'il convient a l'homme d'être sérieux ; que l'on sent dans son cœur toutes les passions se calmer et s'éteindre, que l'on voit les riantes images du monde s'effacer de sa mémoire comme les songes a l'instant du reveil.

C'est là que l'on apprend a bien mourir.

On voit dans la chapelle de Mont-Réal, à droite, un retable portatif en albâtre ; au nombre des dessins, se trouve un guerrier à genoux, faisant bénir son épée, on pense que ce personnage est Henri de Mont-Réal, fils de Henri de Bourgogne et de Sybille de Mont-Réal, tous les deux descendants du roi Hugues Capet.

Henri de Mont-Réal ou de Bourgogne est celui qui est allé délivrer l'Espagne du joug des Maures Il a reçu pour sa récompense la main de Thérèse de Guzman, fille de Chimène de Guzman et du roi Alphonse VI, roi de Castille.

Le pape Léon X, dit le Magnifique, a accordé des indulgences à ceux qui visitent l'église de Mont-Réal.

Mont-Réal a pour succursale la célèbre église de Mont-Réal, située dans le val de Mazzara, à deux lieues de Palerme (Sicile), où ont été déposés les os et les chairs du roi saint Louis, mort devant Tunis en 1270

C'est de l'église de Mont-Réal qu'a été donné le signal du massacre dit des Vêpres Siciliennes, en 1282.

Origine de la maison de Ragny.

Quel spectacle plus magnifique que celui d'une race qui traverse les siècles, au milieu du naufrage des institutions et des trônes, qui rappelle par *un titre historique* les gloires ou les malheurs du passé, l'histoire ou la légende d'une pépinière d'hommes illustres ; dont chaque membre a légué à la postérité la plus reculée l'impérissable souvenir de ses faits d'armes, de ses fautes et de ses vertus !

La mère du premier marquis de Ragny, Claudine Damas de Crux, descendait du duc de Bourgogne, Hugues IIIe, par Alexandre de Montagu, son fils, marié à Béatrix de Vergy, par Eudes Ier de Montagu, fils du précédent, marié à Elisabeth de Courtenay, nièce, fille, sœur et tante de six empereurs latins de Constantinople ; par Isabelle de Montagu, mariée à Robert Damas, enfin par Charles Damas de Ragny, son père.

Le père du premier marquis de Ragny, Girard de la Magdelaine, lieutenant et bailli du Charolais, tué au comlat de Landrecies, en 1543, descendait des capitaines du roi de France Robert Ier, de Robert Ier, duc de Bourgogne, marié à Hermengarde, dont il portait les armes ; de Hugues IV, duc de Bourgogne ; de Jean du Charolais, marié à Agnès de Bourbon, de Béatrix de Bourbon, sa fille, mariée à Robert de Clermont, fils de saint Louis, par Thomas de la Magdelaine, son aïeul, capitaine et bailli du Charolais, par Jacques de la Magdelaine, son fils, bailli du Charolais ; enfin par Jean de la Magdeleine, son oncle, grand-prieur de Cluny, et Edouard de la Magdeleine, son père.

L'épouse du premier marquis de Ragny, dame Catherine de Marcilly-Cypierre, fille du brave Cypierre, gouverneur de Charles IX, descendait de Jean Bourdin, dit Michelet, trésorier des guerres du roi Louis XI, marié à Michelle de Courtenay, du sang royal ; par Marguerite Bourdin, sa fille, mariée à Michel Gaillard ; par Michelle Gaillard, sa fille, mariée au célèbre Florimond Robertet, secrétaire d'Etat du roi François Ier ; par Florimond Robertet, son oncle, marié à dame Jeanne de Halwin, sœur de Louise de Halwin, sa mère.

Le premier marquis de Ragny et de Mont-Réal a reçu ce dernier titre du roi Henri IV, comme descendant de Gaudisèle, chef des Burgondes, premier seigneur d'Auxois et de Mont-Réal, qui vivait en 408 ; par sainte Clotilde, sa petite-fille, mariée au roi Clovis ; par la reine Brunehaut, qui a fait construire à Mont-Réal une chaussée, en 565 ; par Varin de Vergy, comte d'Auxois, dont le titre est l'anagramme de Vercengentorix ; par Anséric Ier de Mont-Réal, sénéchal de Bourgogne, seigneur d'Auxois, dont la lignée a placé le titre de Mont-Réal, en Espagne, en Languedoc, en Sicile, en Palestine, en Bresse, par Anséric V, sénéchal de Bourgogne, marié à Sybille de Mont-Real, petite-fille du duc de Bourgogne, Hugues IIe, dont la lignée a fondé le monastere du Val-des-Choux ou des Oratoriens ; enfin par Hugues, dit Huguonin de Mont-Real, fils du duc de Bourgogne Hugues IV.

SOEURS DE RAGNY Ier.

Catherine, mariée, en 1543, à Claude de Rochefort de Pluvault, tué à la bataille de Saint-Quentin, en 1557 ; Anne, mariée en 1550, a René de Courtenay, du sang royal, allie aux Bourdin.

GENEALOGIE DE LA MAISON DE RAGNY.

De Ragny I du titre.
|
de Ragny II,
|
de Ragny III,
|
de Ragny V, de Ragny IV, de Ragny VII,
|
de Ragny VI,   de Ragny VIII, de Ragny IX,
branche eteinte | branche eteinte,
de Ragny X,
|
de Ragny XI, de Ragny XIII,
|
de Ragny XII.
branche eteinte.

BRANCHE DES RAGNY-MAGDELAINE.

Elle portait écartelé, au 1 d'hermine, a trois bandes de gueules, chargées de coquilles d'or de la Magdelaine, au 2 d'or à la croix ancrée de Damas de Crux, au 3 et 4 du duc de Bourgogne Robert I, et de son épouse. Emblème un oranger chargé de feuilles et de fruits, devise *Posita feritate nitescit*, il devient plus beau en cessant d'être sauvage, décoration l'ordre du Saint esprit, promotion de 1595.

AIEUL AU 7e DEGRÉ.

Le marquis de Ragny Ier du titre (François de la Magdelaine), né le 25 août 1545, mort en 1626 ; inhume a Savigny-en-Terre-Plaine, dans une eglise ou se voit encore sa statue et celle de son épouse, conservées par M. Breuillard, curé ; marechal-de-camp, gouverneur du Nivernais, lieutenant-gouverneur de la Bresse et du Charolais ; chevalier du Saint-Esprit, bailli d'Auxois.

Sa notice est dans les œuvres de Saint-Foix, tome VI, page 591 ; celle de son beau-frere, Humbert de Marcilly-Cypierre, p. 599 ; celle de son beau-pere, le maréchal de Bourdillon, est dans la *Chron. militaire* de Pinart, tome II, page 500.

AIEUL AU 6e DEGRÉ.

Le marquis de Ragny IIe (Léonor de la Magdelaine), né en 1575, mort pour la France, à Bruguières (Tarn), le 29 juillet 1628, inhumé à Avalon (Yonne), marechal-de-camp ; gou-

Marié le 25 décembre 1572, à dame Catherine de Marcilly-Cypierre, fille du brave Cypierre, gouverneur de Charles IX, et de Louise de Hallwin, petite-nièce de Marguerite Bourdin, par Jeanne de Hallwin, sa sœur, mariée a Florimond Robertet, secretaire d'Etat ; de cette alliance, un fils ; 1° le marquis de Ragny II, qui suivra :

Les autres enfants du marquis de Ragny Ier, dont les principaux sont : Jacques, son lieutenant du Nivernais ; Claude, évêque d'Autun ; Françoise, mariée à Jean-François de Vienne, descendant des Dauphins viennois, sont nommes par le P. Anselme, tome IX, page 115 et 116.

Marié le 18 janvier 1607, à demoiselle Hyppolyte de Gondi de Retz, fille du maréchal Albert de Gondi et de Catherine de Clermont, instruite sous les leçons de saint Vincent-de-Paul, instituteur de sa famille : cette alliance laisse :

verneur de la Bresse, du Bugey, du Charolais, du Val-Romey et pays de Gex.

On trouve, dans la *Mosaïque du Midi*, de 1859,
page 275, un article qui rappelle un des faits
d'armes de Ragny II°, au Mas-d'Azil (Ariége).

Son oncle, Pierre de Gondi, a reçu l'abju-
ration d'Henri IV ; ses deux frères, Henri de
Gondi et Jean-François de Gondi, étaient évêques de Paris ; son neveu, Jean-François-Paul
de Gondi, était le célèbre cardinal de Retz.

Sa notice est dans la *Chron. milit.* de Pinart,
tome VI, page 82 ; celle de son beau-père, Albert de Gondi, tom. II, page 522.

1° Claude de la Magdelaine, marquis de Ragny, mort sans alliance, en 1631 ; le poète
Rayssiguier lui a dédié l'épigramme qui suit:

> Marquis, pour heureusement vivre,
> Il ne te faut point d'autres livres
> Pour te guider en ces bas lieux,
> Que de suivre de près les vertus de ta mere,
> Et de représenter la valeur de ton père,
> Qui, mourant pour la France, est vivant dans les cieux.

2° Anne, mariée à François de Créqui, qui
suivra.

BRANCHE DES RAGNY-LESDIGUIÈRES.

Elle portait de gueules a un lion d'or, au chef d'azur, chargé de trois roses de gueules, du connetable de Lesdiguières, posé sur un écusson, rappelant l'illustration de la famille. Devise *Nul ne s'y frotte.*

AIEUL AU 3ᵉ DEGRE.

Le marquis de Ragny III (François de Créqui), né en 1600, mort le 4ᵉʳ janvier 1677,
maréchal-de-camp, gouverneur du Dauphiné,
chevalier du Saint-Esprit, pair de France, duc
de Lesdiguières.

Sa notice est dans la *Chronologie militaire* de
Pinart, tome VI, page 118.

Il descendait du côté paternel, d'Antoine de
Blanchefort, marquis de Créqui, et de la célèbre Christine d'Aguère, comtesse de Sault (le
nom de Sault a été donné à un régiment) ; de
Charles de Créqui, son père, maréchal de France,
tué à Brême (sa notice, tome II, page 441) et
de Madeleine de Bonne-Lesdiguieres, sa mère.

La notice de son neveu, Charles de Créqui,
ambassadeur à Rome, tome IV, page 98 ; celle
de son autre neveu, François de Crequi, maréchal de France, dit le bras droit de Louis
XIV, tome II, page 655 ; celles des deux fils
de ce dernier, François-Joseph, tué à Luzzara,
tome IV, page 408 ; et Nicolas-Charles, mort
à Tournay, tome VI, page 518.

Il descendait du côté maternel de Jean de
Bonne, aieul de sa mère, et de Françoise de
Castellane ; de François de Bonne, connétable de Lesdiguières, père de sa mère (sa notice
est tome I, page 164), et de Claudine Bérenger.

Marié le 11 décembre 1632, a demoiselle
Anne de la Magdelaine, seule héritière du titre
de Ragny, fille du marquis de Ragny II; cette
alliance laisse pour succéder :

1° Le marquis de Ragny IV (Charles-Nico-
las), né en 1655, mort pour la France a Se-
nef, le 28 novembre 1674, colonel de cavalerie,
sans alliance ; sa notice est dans Corbinelli,
tome II, page 47.

2° Le marquis de Ragny V (François-Emma-
nuel), né en 1651, mort le 5 mai 1681, a Saint-
Germain-en-Laye, inhumé a Notre-Dame,
dans la chapelle de Gondi, maréchal-de-camp,
chevalier du Saint-Esprit ; sa notice est dans
la *Chr. mil*, tome VI, p. 424; marié le 12 mars
1675, a demoiselle Paule-Marguerite-Françoise
de Gondi de Retz ; cette alliance laisse :

Le marquis de Ragny VI (Jean-François-
Paul), né le 22 octobre 1678, mort pour la
France a Modène, le 6 octobre 1705, sans enfant ; inhumé comme son père ; colonel du re-
giment de Sault ; marié le 17 janvier 1696, a
demoiselle Louise-Bernardine de Durfort-Du-
ras, fille du maréchal Duras, neveu de Tu-
renne, et de Marguerite-Félicité de Lévis-Ven-
tadour.

3° Le marquis de Ragny VII qui suivra.

BRANCHE DES RAGNY-VILLEROY.

Elle portait d'azur, au chevron d'or, accompagné de trois croix ancrées du même, de Neufville, symbole un dard entouré de laurier, devise *Nec sine gloria*, la chute sera glorieuse.

AIEUL AU 4ᵉ DEGRE.

Le marquis de Ragny VII (François de Neuville), dit le roi de Lyon, né à Lyon, en 1644,
mort le 8 juillet 1750 ; inhumé à Lyon, dans
son château de Neufville, maréchal de France,
ministre d'etat, gouverneur du Lyonnais, chevalier du Saint-Esprit, pair de France, duc de
Villeroy.

Il descendait de son grand-oncle, Jacques
Bourdin, sécretaire d'état, dont la notice est
tome I, page 22 de l'ouvrage de Pinart ; par
son aieul, Nicolas de Neufville, secrétaire d'e-
tat, neveu de Jacques Bourdin, tome I, page

Marié le 28 mai 1662, à demoiselle Marie-
Marguerite de Cossé-Brissac, fille de Louis,
duc de Brissac, pannetier du roi, et de Marguerite de Gondi, surnommée la reine de la
mémoire :

> « Tel autrefois César en même temps,
> » Dictait à quatre, en styles différents. »

Cette alliance laisse pour succéder :

1° Le marquis de Ragny VIII, qui suivra.

2° Le marquis de Ragny IX (Guy-Chartraire
de Saint Agnan), enfant d'honneur, conseiller
au parlement de Dijon, mort sans alliance en
1652 ; il a été appelé en 1717, au titre de Ra-

27 ; par Nicolas de Neuville , son père , gouverneur de Lyon, maréchal de France , tome II , page 564 , et par Madeleine de Créqui, sa mère . sœur de de Ragny III, et petite-fille du connétable de Lesdiguières.

La notice de Ragny VII est dans la *Chr. militaire* de Pinart, tome III , page 76

AÏEUL AU 3e DEGRÉ.

Le marquis de Ragny (Louis-Nicolas de Neufville) , né à Lyon , en 1665, mort subitement à Paris , le 22 avril 1754 ; lieutenant-général des armées , gouverneur du Lyonnais , chevalier du Saint-Esprit , duc de Villeroy.

Sa notice est dans la *Chr. militaire* de Pinart, tome IV , page 492; celle de son fils, François-Louis de Neufville, gouverneur de Lyon, est tome VII, page 450 ; celle de son petit-neveu ,

gny, jusqu'a ce que Guy Chartraire, son neveu' soit en age, soit de porter le titre, soit de s'allier à la maison de Neufville, pour continuer la lignée du sang.

Marié le 22 avril 1694, a demoiselle Marguerite Le Tellier de Louvois, fille du grand Louvois, secretaire d'état , et de dame Anne Souvré de Courtenvaux.

Le grand Louvois était petit-fils de Michel Le Tellier et de Claudine Chauvelin; l'alliance de Ragny VIII laisse pour succéder au titre,

1° Le marquis de Ragny X qui suivra.

Gabriel-Louis-François de Neufville, le dernier des gouverneurs de Lyon, est tome VII, page 595 ; celle de son beau-père, le grand Louvois, est , tome I , page 56.

BRANCHE DES RAGNY-CHARTRAIRE.

Elle portait de gueules à une tour d'or crénelée, devise Sans valier, de Vergy (1).

AÏEUL AU 2e DEGRÉ

Le marquis de Ragny X (Guy Chartraire), né en 1715, mort dans le château-fort de Pierre-Scize de Lyon , inhumé dans le caveau de l'eglise collegiale de Saint-Paul , le 15 février 1785.

Il descendait d'Antoine Chartraire , de Marcellois , trésorier-général des états de Bourgogne , conseiller du parlement de Metz pendant 20 ans, de 1698 à 1718; frère de George Chartraire lieutenant dans les Gardes françaises, mort pour la France, en 1678; il était la souche des maisons de Chartraire , comte de Montigny , les bienfaiteurs de Dijon ; de Chartraire, marquis de Bourbonne, président au parlement de Dijon; de Rigoley, comte d'Ogny, directeur général des postes de France; des marquis de Pins, des comtes Croptes de Chanterac, etc.

De Ragny-X était fils d'Emilien Chartraire de Romilly et de Louise-Elisabeth Girard du Til, niece de Jean Perrault, président à la cour des comptes de Paris.

Marié le 20 janvier 1754 à Marie-Reine de Chauvelin , sœur de Bernard-Louis de Chauvelin, dit le Sully de Louis XV, objet d'un feuilleton d'Alexandre Dumas, ayant pour titre : *Le Testament de M. de Chauvelin* ; tante du célebre orateur François de Chauvelin , tante de Louise de Chauvelin , mariée au marquis de la Bourdonnayes.

Cette alliance laisse pour succéder :

1° Le marquis de Ragny XI et de Mont-Réal (Louis-Henri de Chartraire), né en 1678, mort en 1829 , marie a Bonne Bourdin , sœur de Ragny XIII ; de cette alliance :

Le marquis de Ragny XII (Jacques Chartraire) , né en 1792 , baptise avec les honneurs de son rang, dans l'eglise cathédrale de Lyon , par l'évêque de cette ville ; mort sans alliance en 1858.

2° Le marquis de Ragny XIII qui suivra.

De Ragny X s'est allié a dame Marguerite , fille du capitaine Jean du Moulin de Chavannes et de Marie de Bar.

BRANCHE DES RAGNY-BOURDIN.

Elle porte de gueules à une tour d'or crénelee des Ragny Chartraire , posée sur un écusson rappelant l'illustration de la famille. — Jean de Haut Bourdin portait au lion de gueules couronne , à la cottise d'or brochant sur le tout, devise · *L'y entrerai si le soleil y entre* — Jacques Bourdin , secrétaire d'Etat , son petit-fils , portait d'azur a trois têtes de daim — La branche des Bourdin etablie a Lyon portait trois roses d'argent, trois arbres de sinople , et en pointe un bourg et un daim , exprimant les mots Bourg-Daim ou Bourdin.

PERE DU PRODUISANT.

Le marquis de Ragny XIII (Jacques Bourdin), est ne en 1771 , mort à Lyon en 1845.

De Ragny XIII et de Mont-Réal était le frère de Ragny XI , connu a Lyon sous le titre de Mont-Real, et l'oncle du marquis de Ragny XII.

Il était le cousin du général d'artillerie Piobert , un des premiers mathématiciens de France.

Marié le 9 messidor an IX , à demoiselle Claudine Ballet , sœur de Jean-François et de Louis Ballet , commissaires des guerres ; sœur de Jeanne Ballet , mariee a Louis du Bessey , chirurgien de l'armee d'Egypte ; cousine-germaine et héritière directe du richissime M. Guillaume Charpentier , le premier des bienfaiteurs de Lyon ; cette alliance laisse :

1° Le marquis de Ragny XIV, qui suit.

(1) Ce blason a été peint sur une des frises du Musée de Versailles, au numéro 170.

Le marquis de Ragny XIV du titre et de Mont-Réal est né à Lyon, dans le palais des chevaliers de l'ancienne commanderie de Saint-Antoine , quai de Villeroy, n° 51, aujourd'hui quai Saint-Antoine; son nom patronymique est *Jacques Bourdin.*

La maison où il est né se fait remarquer par un riche salon de réunion pour les artistes, établi dans l'ancienne chapelle des chevaliers, sous le titre de *salle du Cercle musical.*

Sa mère dame Claudine Ballet, fille de Jean-Marie Ballet et d'Hélène Blanchon , dont les neveux font partie de l'édilité lyonnaise , est morte à Lyon le 10 avril 1856; cette séparation a été pour lui le plus déplorable des chagrins de sa vie; sa bonne mère s'est éteinte sans avoir poussé entièrement sa carrière , laissant dans le cœur de son fils unique toutes ses douleurs .

ORIGINE DE LA MAISON BOURDIN , *d'après les Mémoires de Castelnau , t. III.*

I. Jean de Haut-Bourdin , grand-maître de France, mort en 1466 ;

II. Jean Bourdin , dit Michelet, marié en 1455, a Michelle de Courtenay ;

Marguerite Bourdin , mariée à Michel Gaillard.

III Jacques Bourdin , marié à Catherine Brinon,

Michel Gaillard,	Michelle Gaillard,	Isabeau Bourdin ,	Gilles Bourdin,	IV. Jacques Bourdin,
Favori de Louis XI marié à la sœur du roi François I	mariée au célèbre Florimond Robertel secrétaire d'état de François I, dit le père des Ministres	souche des Brulart, Prés au parlement	procureur général au parlement de Paris	Secrétaire-d'Etat, marié, en 1550, à Marie Bochetel

Jacques Bourdin IV était l'oncle de Nicolas de Neufville , secrétaire d'Etat , souche des Ragny-de-Neuville-Villeroy ; Marie Bochetel , son épouse, a été élevée sous les leçons du célèbre Jacques Amyot , instituteur chez son père.

La maison Bourdin est la souche de dix-sept maréchaux de France , seize secrétaires d'Etat et vingt-un évêques , appartenant aux maisons de Neufville , de la Châtre , de Senneterre, de l'Hospital , d'Estrées, de Montluc, de Vendôme , de Le Tellier , de Robertet , de l'Aubespine , de Brulart, d'Escoubleau , de Morvillier , de Bochetel ; elle compte Maurice Bourdin, pape, et Jean Bourdin, le célèbre évêque de Vienne, celui à qui André de Bourgogne , Guignes VI , a confié son fils en mourant.

LIGNEE DE JACQUES BOURDIN.

V. Nicolas Bourdin, ambassadeur , marié , en 1572, à Marie Fuyet

VI. Nicolas Bourdin , Marié à Cléophile Cauchon

VII Claude François Bourdin,	VIII. Jean-André Bourdin,
marié en 1588 à Jeanne d'Orléans, du sang royal de France	capitaine pennon a Lyon en 1656

IX. Bonaventure Bourdin ,

X. Jacques Bourdin ,	XI Georges Bourdin ,
Capitaine pennon à Lyon	Marié à Catherine Guinet
Madeleine Bourdin ,	XII. Jacques Bourdin ,
mariée a Jean Piobert	marié à Cécile Bigot
Guillaume Piobert,	XIII Jacques Bourdin,
général d'artillerie	marquis de Ragny XIIIe

XIV. Jacques Bourdin, son fils , le produisant.

Nous diviserons notre étude historique de la maison de Ragny en deux parties.

Dans la première, on parlera de ses châteaux historiques , de ses alliances , de ses titres , de ses monuments commémoratifs , bibliographie, journaux , poésies , etc

Dans la deuxième , on parlera de sa vie sociale et politique , de sa vie de dévoûment, de désintéressement et de courage , de sa vie de savant , de sa vie de travail.

PREMIÈRE PARTIE.

Ses Châteaux.

La maison de Ragny a possédé un grand nombre de châteaux historiques , savoir le château-fort de Mont-Réal (Yonne) , celui de Versailles , qu'elle a vendu à Louis XIII, le 8 août 1632 , ceux de Lesdiguières et de Vizille (Isère), celui de Pont-d'Ain, celui de Joigny (Yonne) , celui de Château-Renard , près d'A-vignon; celui de Neufville , près de Lyon, celui des Tuileries de Paris, que le neveu de Jacques Bourdin a vendu à la reine Catherine de Médicis, en 1564; celui de Meudon, qu'elle a vendu , en 1695 , pour Mlle de la Vallière , etc.

M. Bourdin ne possède plus les châteaux de ses ancêtres; le château que son père possédait à Diémoz (Isère), dans lequel il a passé sa jeunesse, a cessé de lui appartenir; mais au terme de la lettre-patente qui lui confère le titre de Ragny, les propriétés qu'il peut acquérir deviennent des fiefs nobles.

Il possède la Villa-Réale, habitation de luxe; il possède la terre des Essars , qui n'est pas celle de Charlotte des Essars, maîtresse du roi Henri IV , mariée au maréchal François de l'Hôpital , petit-fils de Marguerite Bourdin ; cette terre est située sur le terrain du camp des Tards-Venus, ceux qui battirent et tuèrent dans le combat de Brignais , en 1562 , Jacques de Bourbon et son fils; l'épitaphe de ces seigneurs est conservée dans le musée archéologique de Lyon, au palais St-Pierre.

Il possède la terre de la Vallière, qui n'est pas celle que Louis XIV a érigée en duché pour la sensible Louise de la Vallière, etc., etc.

Ce qui lui permet de vivre honorablement.

Ses Alliances.

Marguerite Bourdin, en mariant son fils Michel Gaillard, en 1512, à dame souveraine d'Angoulême, sœur de François Ier et de Marguerite de Valois, surnommée la dixième muse, est devenue la tante de la reine Jeanne d'Albret et de son fils Henri IV, la tante du roi Henri II, de ses trois fils François II, Charles IX, Henri III, de sa fille la reine Margot, de sa fille Elisabeth, mariée à Philippe II, roi d'Espagne, celui qui a reçu, le 29 septembre 1559, l'ordre de St-Michel, de son parent Jacques Bourdin IV, secrétaire d'Etat.

Hyppolite de Gondi de Retz, marquise de Ragny, a marié sa cousine, Marie de Gondi, le jour du mariage de sa fille Anne de Ragny, à Louis Bonaparte, de la branche de Corse, celui dont le neveu devait régner sur la France.

Un des plus remarquables contrats de mariage de France, a été celui du marquis de Ragny V^e avec sa cousine Paule de Gondi de Retz ; tout historien doit le connaître. il se trouve dans l'histoire de la maison de Gondi par Corbinelli. tome II, page 542.

Notre marquis de Ragny est encore célibataire. Voici son portrait : son front large, pur miroir de l'âme, rayonne à la fois l'intelligence sérieuse et la candeur profonde ; il possède le secret des fines causeries du bon vieux temps; sa parole coule de ses lèvres pour rappeler les glorieuses épisodes de l'ancienne France ; sa personne révèle l'élévation de ses ancêtres et le représentant de tant de grands personnages; il ne porte aucune décoration, aucune marque distinctive.

Question héraldique.

On a demandé comment le sang de la maison de Castellane et celui du connétable de Lesdiguières sont venus se réunir au sang de la maison de Ragny, (Voir le *Courrier de l'Isere* du jeudi 8 octobre 1857) On y répond par le tableau qui suit.

Jean de Bonne,	Jacques Bourdin,
marié à Françoise Castellane,	marié à Marie Bochetel,
François de Bonne, son fils,	Nicolas de Neufville, son neveu
marié à Claudine Bérenger	marié à Madeleine l'Aubespine
Ch. de Créqui, son gendre,	Charles de Neufville, son fils
marié à Madeleine de Bonne	marié deux fois
François de Créqui, son fils	Nicolas de Neufville, son fils
marié à Anne de Ragny	marié à Madeleine de Créqui

François de Neufville, marquis de Ragny VIIe, marié à Anne de Ragny, et fils de Nicolas de Neufville

Les maisons de Créqui, de Lesdiguières et de Neuville sont venues se fondre et s'éteindre dans celle de Bourdin.

Ses Titres.

Voici le nom des titres du marquis de Ragny X^e, tels qu'ils ont été insérés dans son acte de décès, sur les registres de l'église Saint-Paul de Lyon

« Le 15 février 1783, j'ai enterré dans le caveau de la chapelle de la Trinité de l'église collégiale de Saint-Paul, à Lyon.

» Messire Guy Chartraire, marquis de Ragny, Mont-Réal, Guillon et autres lieux ; baron de Rochefort, Maisey-le-Duc, Beaulieu et dépendances, baron de Bourbilly, Forléans et dépendances, décédé l'avant-veille, âgé de 68 ans. en présence de Messires. Barthélemi Prost, de Grange-Blanche et Jean-Louis de Boissieu, chanoines de cette église, qui ont signé.

Signé BERNARDON, curé, COLON, sacristain

Recherches historiques sur ces titres.

Le titre de marquis de Ragny a été légalement créé et enregistré ; il a été réuni aux titres de Créqui, de Lesdiguières et de Villeroy, constamment porté pendant deux cent soixante-trois ans, de 1597 à 1860, selon la volonté du roi Henri IV, exprimée dans sa lettre patente ; toute discussion est donc sans objet pour une dénomination autorisée dans son principe, consacrée par le temps, légitimée par l'adhésion expresse de l'autorité judiciaire, prouvée par des documents historiques, autorisée par le décret impérial du 24 janvier 1852, garantie par la loi du 28 mai 1858, qui assure le respect et l'inviolabilité à toute propriété légitime Le titre de Ragny, comme on peut le voir, n'a pas été seulement un simple acte de succession collatérale dans la maison Bourdin, mais en retour de cette distinction sociale à son légitime héritier Le titre de Ragny n'a fait que rentrer dans la maison à qui il appartenait.

Mont-Réal (Mons-Réau, Mons-Regius, Mons Regalis, Mont-Royal) date des rois de la première race, dont il a été le berceau, Guillon est célèbre par le traité de paix avec les Anglais, en 1359

Le château de Bourbilly a vu naître Mme de Sévigné, célèbre par ses lettres, il a été habité par sainte Chantal, son aïeule. dont les reliques sont conservées dans l'église de St-François, à Lyon Le château de Forléans a été habité par Bussy-Rabutin, dit le Pétrone français, celui qui a fait seize ans d'exil pour avoir chansonné les amours de Louis XIV avec Mlle de la Vallière

Le château de Rochefort-sur-le-Brevon a été habité par les Rochefort de Pluvault ; le médecin Coythièr y avait caché ses trésors, après la mort de Louis XI. C'est près de Rochefort que la Seine prend sa source.

Il existe encore le titre de comte de Montigny-sur-Armançon, concédé par le roi Louis XIV, en 1706, à la maison Chartraire, pour exister à perpétuité ; ce titre est arrivé légalement à la maison Bourdin, pour représenter Antoine Chartraire de Montigny IIIe, le bienfaiteur de Dijon ; sa notice est dans l'Histoire de Dijon, par Girault, ce qui donnerait à notre marquis de Ragny des droits au titre de comte de Montigny septième.

M. Bourdin ne tient pas à ce qu'on lui donne le titre de marquis de Ragny et de Mont-Real; il se trouve à l'aise quand il peut effacer son individualité historique pour recevoir les significations scientifiques qu'il a su se donner par son mérite; il aime à oublier le passé glorieux de ses ancêtres, pour appliquer ses forces et son activité à des travaux d'améliorations matérielles. — On lit dans la *Revue des Sciences*, de Paris, du 1er janvier 1858, ce qui suit : M. Bourdin peut, sans le secours de ses qualifications nobiliaires, présenter à la nouvelle génération l'aristocratie du talent, ce reflet de l'intelligence divine, dans le maniement des affaires humaines.

Monuments commémoratifs.

La maison de Ragny a su mériter l'affection du peuple de l'ancienne France, car ses noms et titres sont encore rappelés : de Ragny I et son épouse ont leurs statues dans l'église de Savigny--en-Terre-Plaine ; la branche des Ragny-Lesdiguières a les portraits de tous ses alliés au musée de Versailles ; le nom de sa terre de Lesdiguières a été donné à un des pavillons du Louvre ; la branche des Ragny-Villeroy a donné de même ses noms et titres de Neufville, de Villeroy, d'Alincourt et Retz à des quais de Lyon, les écrivains et les poètes lui ont élevé des monuments littéraires ; les Ragny-Magdelaine ont eu dom Plancher, P Anselme, la Chesnaye-des-Bois, Courtépée, du Bouchet, Andoque, Saint-Foix, le poète Rayssiguier. Les Ragny-Lesdiguières ont eu Gui Allard, Chorier, Corbinelli, les poètes Bonniel, Alluys, Delorme, auteur de la *Muse nouvelle du Dauphine*, 1655. Les Ragny-Chartraire ont eu Ed Michel, Petitot, Sauvages-des-Marches, Chazot de Nantilly, Alexandre Dumas

La maison Bourdin n'a pas été oubliée; son nom de Bourdin a été donné à une rue de Joigny; le nom de Brulart, enfant d'Isabeau Bourdin, a été donné à une rue de Dijon; le portrait

en grandeur naturelle et en pied de l'opulent M. Charpentier, cousin de M. Bourdin, a été placé dans la maison des prêtres lazaristes, montée Saint-Barthélemy, n° 24, la figure tournée du côté de Lyon, dont il est le bienfaiteur; la maison des Lazaristes a été fondée par Camille de Neufville, archevêque de Lyon, petit-neveu de Jacques Bourdin.

Ses écrivains sont : Fauvelet-du-Toc, le Laboureur d'Hozier,l'Hermite de Solier dit Tristan; le chancelier de l'Hospital lui a dédié deux epigrammes latines qui se trouvent dans l'*Histoire des secrétaires d'Etat*, par du Toc, p. 106.

M. le vicomte de Magny a inscrit la maison Bourdin dans son *Nobiliaire universel* des généalogies historiques et véridiques de l'Europe, au rang des familles nobles, à côté de celles qui ont hérité par le sang, de titres historiques, symbole d'honneur et de fidélité.

Les journalistes ont publié environ onze cents lignes à la louange de notre marquis de Ragny; on peut lire, dans le *Progrès industriel* de Lyon du 24 février 1855, un article de M. Romiguière ayant pour titre, *Biographie des hommes remarquables de Lyon* ; dans le *Courrier de l'Isère*, un article sur son départ de Grenoble du 26 septembre 1857, dans la *France littéraire* de Lyon, du 14 octobre et du 27 mai 1857, du 5 septembre 1859, des articles remarquables de M. Peladan ; dans la *Constitution de l'Yonne*, un article sur son arrivée à Auxerre, du 2 septembre 1858 ; enfin des articles dans le *Salut public* de Lyon.

Les poètes ont fait, à notre marquis de Ragny, de beaux vers qui ont eu les honneurs de l'impression ; on peut citer en première ligne la notice de M. le vicomte de Magny, mise en vers ; une pièce de vers ayant pour titre : *Appel sympathique d'un exilé* à M. de Ragny; une dédicace en vers de l'ouvrage de *Philotas et Daphne*, épisode de la retraite des dix mille; une ode *Au noble cœur de Mme Bourdin*, mère de M. le marquis ; enfin, une ode ayant pour titre, *Honneur au talent de M. le marquis.*

DEUXIÈME PARTIE.

Vie sociale et politique.

Les membres de la maison de Ragny, issus de celle des Bourdin, ont agrandi la France de plusieurs provinces et de belles colonies, donné à l'esprit une nouvelle impulsion en se trouvant au premier rang du pouvoir qui a terminé le moyen-âge et commencé l'époque dite de la Renaissance des lettres et des arts. Ils ont arrêté les écarts de la pensée, lutté avec succès contre le fanatisme des protestants de l'époque ; enfin ils ont promulgué les ordonnances les plus salutaires, qui subsistent encore dans la plus grande partie de leurs dispositions

Notre marquis de Ragny soutient dans la

mesure de ses forces cette tradition de famille, qui a fait de Lyon la seconde ville de France.

Il ne recherche ni les brillantes fêtes, ni le joyeux tumulte son salon de Bellecour est la succursale de l'Académie universelle des arts et manufactures de Paris, il est le rendez-vous de l'édilité lyonnaise et savante et de plusieurs noms qui ne manquent pas de célébrité

C'est là qu'il fait une consommation de bon goût, d'atticisme et de bonne vérité, c'est là qu'il aime à faire valoir les talents et les ouvrages des savants, à protéger les artistes qu'il aide de ses conseils

On peut citer le vif intérêt qu'il prend à toutes les publications nouvelles ayant trait, soit aux arts, soit aux sciences, ce qui montre qu'il prend à cœur l'amélioration du présent, qui doit profiter à l'avenir

Ayant du goût pour la musique, cette récréation des âmes sensibles, il a acquis, comme musicien et compositeur, un talent peu commun ; sa méthode musicale, introduite dans les écoles gratuites et populaires, a formé plusieurs artistes qui font aujourd'hui l'ornement des concerts

Modeste autant que dévoué, il aime à montrer son habileté dans son silence et dans sa grande retenue de parler en public, car les fatigues de l'esprit, aux hommes supérieurs, rendent nécessaires des habitudes simples et une vie facile

Comme un génie humain qui vient précéder les récompenses de la vie éternelle, il aime à encourager le mérite.

Toujours accessible, il communique avec la plus grande bienveillance ses documents sur le Lyonnais, la Bresse, le Dauphiné et la Bourgogne.

En politique, M Bourdin est un homme nouveau ; ses opinions et ses idées ont été présentées à la chambre des députés de 1816 à 1829, par son parent François de Chauvelin ; elles se réalisent aujourd'hui. S'il n'a pas recueilli beaucoup de gloire dans nos luttes de 1830 à 1848, il n'a pas non plus supporté la fatigue qui a usé bien des hommes

M Bourdin est libre d'engagements avec le passé

M Bourdin a pu acquérir de bonne heure les connaissances d'administration civile et d'organisation sociale, pour occuper une position élevée dans la société ; mais il n'a jamais recherché aucune fonction publique, préférant l'indépendance et l'étude aux honneurs

Un de ses ancêtres, le marquis de Ragny Ier du titre, a reçu du roi Henri IV, à la date du 22 mars 1594, le jour même de son entrée à Paris, la lettre suivante.

Mon fidèle Ragny,

« Par la prudente et sage conduite de mon cousin le maréchal de Brissac, je suis entré ce matin, au point du jour, dans ma bonne ville de Paris. Il n'y a pas eu une maison de pillée, ni presque aucune effusion de sang, à l'exception de vingt ou trente lansquenets, qui voulaient s'opposer à ce que j'avais déjà fait entrer de noblesse et de troupe, etc (la suite se trouve dans la *France littéraire*, de Lyon, année 1857, page 410).

Signé, HENRI IV

Notre marquis de Ragny entretient une correspondance avec des personnages haut placés, dont les grands noms seront à jamais des monuments de la gloire française.

Il a reçu de S. A. I. la princesse Mathilde Bonaparte, une lettre datée du 24 février 1854, dans laquelle se trouve cette phrase « Votre » nom, Monsieur Bourdin de Mont-Real, par » les faits et souvenirs auxquels il se rattache, » parle de lui-même, et a ce titre, attirera » l'attention de l'Empereur. »

Le séjour d'un membre de la maison de Ragny dans une ville, marque une époque historique.

L'entrée de Ragny IV à Grenoble, le 8 juillet 1670, pour prêter serment au parlement, en qualité de lieutenant-gouverneur du Dauphiné, est une date de l'histoire du Dauphiné.

L'entrée de Ragny V à Grenoble, après son mariage, en 1675, a été le sujet de devises, d'emblêmes et d'inscriptions ; une fête brillante a été donnée dans cette ville, lors de la naissance de son fils (*Histoire do Charles de Crequi*, tom. II).

Le départ de notre marquis de Ragny, de la ville de Grenoble, a été annoncé par le *Courrier de l'Isère*, du 26 septembre 1857, comme il suit :

« Le palais de Lesdiguières a reçu le der» nier des marquis de Ragny-Lesdiguières, » comme représentant au congrès scientifique » de Grenoble, 1o l'Académie universelle des » arts et manufactures, etc. — C'est devant » le tableau représentant la cession du Dau» phiné a la France ; c'est en regardant le buste » du connétable de Lesdiguières, que le der» nier représentant des Ragny-Lesdiguières a » pu serrer la main de l'honorable M. Crozet, » maire de Grenoble, et saluer une dernière » fois le palais de ses ancêtres. »

L'arrivée de notre marquis de Ragny à Auxerre a été annoncée dans le journal la *Constitution de l'Yonne*, à la date du 2 septembre 1858, comme il suit :

« Au nombre des notabilités de la science
» arrivés a Auxerre, pour le congrès scienti-
» fique, on peut citer M. le président de l'Aca-
» demie universelle des arts et manufactures;
» ce savant a une origine historique qui peut
» interesser le congres en ce qu'elle se lie aux
» excursions archéologiques projetees, il des-
» cend par le sang, etc., etc. »

L'arrivée à Lyon de M. de Chauvelin,
cousin de notre marquis de Ragny a été annoncée par le *Précurseur*, journal de Lyon,
à la date du 18 juillet 1827, comme il suit.

« M. le marquis de Chauvelin vient de
passer dans la ville de Lyon (le 16 juillet
1827). A peine le bruit de son arrivée se fut-
il répandu, que les citoyens les plus distin-
gués de notre ville se hâtèrent de porter
auprès de l'honorable ex-député l'expression
de l'estime due à ses talents et à son noble
caractère. Un banquet fut sur-le-champ
préparé, et M de Chauvelin voulut bien honorer de sa présence cette fête improvisée en
son honneur, etc.

» Dans une allocution pleine de l'éloquence
du cœur, il a exprimé sa haute admiration
pour la ville qui, dans ses malheurs comme
dans sa prospérité, se montra toujours si
noble, si généreuse et si digne d'elle-même

« J'étais loin de m'attendre, s'est-il écrié
» en finissant son allocution, à l'hommage
» que cette grande cité vient d'offrir moins à
» moi qu'à la cause sainte que j'ai embras-
» sée J'ai bien vécu ; mais je n'avais point
» encore connu les émotions que j'éprouve
» en ce moment ; c'est un bonheur que je
» vous dois, Messieurs j'en garderai un
» long souvenir, et si je n'en suis pas digne,
» je ferai tout pour le mériter »

» Aux toasts ont succédé des chansons ins-
pirées par la circonstance »

Deux ans après, le 5 septembre 1829, le
général Lafayette a reçu à Lyon les mêmes
honneurs

La Société des Amis des Arts de Lyon a
admis à son exposition de janvier 1860, sous
le protectorat de notre marquis de Ragny,
deux tableaux peints par M. Guiguet-van-
Whemen, portant les numéros 212 et 213

Vie de dévoûment.

La maison de Ragny a gouverné les provinces situées entre la Loire et la Suisse, entre la Seine et la Drôme onze provinces,
d'une superficie de six millions d'hectares,
d'une population de près de quatre millions
d'administrés ; elle a fait élever dans ces provinces de merveilleux édifices et rendu aux
souverains des villes plus belles et plus grandes que celles qui lui étaient confiées.
Grenoble et Lyon lui doivent leurs plus beaux
monuments ; la ville de Dijon lui doit son
beau jardin de l'Arquebuse, fondé par Chartraire de Montigny.

La famille de notre marquis de Ragny n'est
pas restée oisive dans la dernière lutte de notre France, en présence de la philosophie
sapant les fondements de la société, de la
France ensanglantée par la révolution ; remaniée par le Directoire, par le Consulat. par
l'Empire, brisée par l'Europe armée, relevée
un peu par la Restauration, brisée une deuxième fois le 20 mars, restaurée de nouveau,
remaniée en 1830, remise sur le chantier en
1848, pour être façonnée et travaillée de
nouveau ; enfin, dans cette France qui, après
avoir confondu, dans un baptême commun de
souffrance et de gloire, tous les instincts et
toutes les tendances sociales, s'est couronnée
elle-même.

Un poète a fait, en 1854, sur la maison
de Ragny-Mont-Réal le quatrain suivant

« Et dans la grande lutte ou, toute fremissante,
» L'Europe s'est heurtee au moderne César,
» Mont Réal a montré sa bravoure puissante
» Et suivi jusqu'au bout le nouvel étendard.

En effet

Qui donc a suivi Napoléon Ier dans les sa-
bles de la Palestine ? c'est son oncle, M du
Bessey, médecin et savant

Qui donc a été appelé au tribunal pour
donner son avis sur la légion-d'honneur, et
au Conseil d'Etat, pour rédiger le décret du
16 décembre 1811 sur la construction des
routes ? c'est un parent, M. de Chauvelin,
devenu sous la Restauration le chef de l'op-
position et surnommé le puritain politique.

Qui donc a versé son sang en Italie, à Ess-
ling et à la Moskowa, souffert l'insulte et la
captivité à Deylen ? C'est un parent, le général de la Labourdonnaye M de Labourdonnaye et M de Damas de Crux, de la maison de Ragny, ont été chargés, en 1813, de
préparer un programme politique, sur les bases des antiques libertés nationales.

Qui donc a remplacé pendant son exil le
cardinal Fesch, oncle maternel de Napoléon
Ier ? C'est un parent d'affinité, M. Jean-Pierre
de Pins, archevêque, administrateur du
diocèse de Lyon.

Qui donc a contribué à toutes les victoires
de l'Empire, à l'époque où le courage de
l'armée resplendissait de sa plus belle lumière ? C'est Jean-François et Louis Ballet,
ses oncles, commissaires des guerres ; le
premier est mort à Salamanque, à l'époque
où le comte de Montijo, père de l'impératrice

Eugénie , était grièvement blessé à Salamanque

Enfin qui donc , en 1814 , a pu mettre
fin à l'occupation de la France par l'étranger,
a pu empêcher qu'on empiète sur nos fron-
tières , qu'on dépouille nos musées, qu'on
rançonne notre trésor ? C'est toujours la maison de Ragny-Bourdin.

Au rang des parents célèbres de M. Bourdin , il faut nommer

M Guillaume Piobert, son cousin , fils de
Madeleine Bourdin , qui a pris part comme
aide-de-camp à la prise de Constantine , général de division d'artillerie , commandeur
de la Légion-d'Honneur , membre de l'Académie impériale , section de mécanique ,
membre du comité consultatif des chemins de
fer , du comité impérial d'artillerie , juré ti-
tulaire de l'exposition universelle de 1855 ,
président de la classe de mécanique spéciale
et du matériel des ateliers industriels et agricoles

M. Guillaume Charpentier , le richissime ,
le bienfaiteur de Lyon ; M Paul Charpentier,
frère de Guillaume , doyen des avocats de
Lyon , célèbre comme économiste.

Le poète Campadelli a fait sur notre marquis de Ragny et de Mont-Réal , les stances
suivantes

« Le sang n'abdique pas, mais quand le laps des ages
Ouvre pour les humains des horizons nouveaux,
Alors les hommes forts transforment leur courage
Et déposent le fer, pour d utiles travaux.

» Et Mont-Real se voue a cette ere vivante,
Qui mène pas a pas l'homme a ses grands destins,
Noble labeur qui doit , par sa foi si fervente ,
Forcer, avant leurs jours, le nœuds des temps lointains.»

M Duhamel , maire du deuxième arron-
dissement de Lyon , membre du Conseil général , ex-colonel d'artillerie , témoin des
actions héroïques de M Bourdin , a voulu
lui décerner , au nom de la ville reconnaissante , un témoignage de haute satisfaction ,
et l'a acclamé du titre d'homme honorable ,
en récompense de ses actes de dévoûment,
de désintéressement et de courage , dans un
brevet d'honneur signé de lui , le 18 avril
1853 , légalisé par M Waisse , sénateur ,
administrateur du département du Rhône , le
23 du même mois, à ce témoignage M. Waisse
a ajouté une lettre autographe des plus flat-
teuses , à la date du 9 juin 1857.

En effet :

Sa gloire est d'avoir introduit l'élément ar-
tistique dans l'éducation gratuite et populaire
des enfants de Lyon.

Sa gloire est d'avoir augmenté la bibliothèque de Lyon , dans la salle dite de Villeroy,
ou de Ragny-Villeroy , de deux ouvrages im-

portants , savoir : 1° *Le Nécrologe universel
du XIXe siècle ; 2° La Biographie des Contem-
porains* ; chaque volume de la bibliothèque de
Villeroy porte les armes des Ragny-Villeroy ,
et chaque volume du don de M. Bourdin porte
les armes des Ragny-Bourdin.

Sa gloire est d'avoir renoncé , avec Mme sa
mere , a l'héritage direct de son parent, M.
Guillaume Charpentier, pour une somme d'environ quinze cent mille francs, destinés aux pauvres , aux veuves et aux orphelins de Lyon ,
par acte reçu , Me Dugueyt, notaire.

Aumône princière , propre a graver le nom
de M. Bourdin dans le cœur des indigents ,
comme il est déjà gravé dans les annales de la
ville de Lyon , en souvenir du sentiment le plus
sublime , l'amour du prochain.

Ces quinze cent mille francs ont été distri-
bués , sans contrôle , comme il suit :

A Mgr. de Bonald , archevêque de Lyon. la
somme de cinq cent mille francs environ, pour
les pauvres et pour élever le sanctuaire de No-
tre-Dame-de-Fourvières et la statue dorée dont
les Lyonnais célèbrent l'anniversaire le 8 décembre de chaque année; une inscription , pla-
cée au pied de la statue , rappelle le souvenir
du bienfaiteur, comme il suit : *Au nom de la
ville reconnaissante , S. E. Mgr. le cardinal de
Bonald , a érigé cette statue , l'an du Seigneur
1852.*

Au curé de l'église St-Polycarpe, 50,000 fr.;
à ceux de St Jean et de St-Paul , 16,000 fr.
chacun ; à celui de Saint-Georges , 12,000 fr.;
à ceux de St-Nizier et de St-Louis, 10,000 fr.
chacun ; de St-Bonaventure , 8,000 fr. ; de Ste-
Blandine , 6,000 fr. ; de Caluire , 5,000 fr.; de
St-Just , 4,000 fr.; de St-Irénée, 5,000 fr. ;
enfin , de St-François , de St-Pierre et de St-
Bruno , 2,000 fr. chacun ;

A l'institution des frères de la doctrine chré-
tienne , et a l'institution, ou école normale des
frères de saint Viateur , a Vourles , et a leur
succursale établie à Mont-Réal , en Amérique.

A l'institution des sourds et muets de Lyon;
à l'hospice de l'Antiquaille en la personne de
son aumônier , l'abbé Marcel.

Enfin , au refuge de Saint-Michel , pour les
filles repentantes , fondé par Mgr. le cardinal
Fesch , archevêque de Lyon , dans l'ancienne
maison des Génovéfains , dont M. Charpentier
était membre avant la révolution , et autres
institutions.

Le reste de la fortune , environ quinze cent
mille francs , a été la part des parents et de
leurs amis.

Actes de courage.

Sa gloire est d'avoir, en 1848 , délivré d'une
émeute populaire, le général Neumayer; voic
comment:

Le mercredi 29 mars , une colonne d'ouvriers mêlés à des soldats se présente sur la
place Louis Napoléon , dans un but hostile. Le
général Neumayer, qui arrivait la , veut haran-

la multitude ; mais au moment où il pense se retirer , il est harcelé et serré par la foule qui veut s'emparer de sa personne. M. Bourdin, voyant sa position critique , se mit à la tête de quelques centaines d'hommes dévoués, débouche a la course d'une rue transversale , et , sépare le général de ceux qui le tenaient, ce qui lui donne la facilité de se retirer; son aide-de-camp , qui avait été arraché de son cheval , a été relevé par M. Bourdin , et porté dans une maison pour recevoir les premiers secours.

Sa gloire est d'avoir, le même jour, empêché des émeutiers de s'emparer de la personne du général de Bourjolly.

La colonne d'ouvriers et de soldats se porte ensuite autour de l'hôtel du général de Bourjolly , et pénètre dans la cour de son hôtel pour obtenir l'ordre de libération du sous-officier Gigon, emprisonné la veille pour cause d'insubordination , et veut s'emparer du général a titre d'ôtage. M. Bourdin seul les suit et harangue les assaillants , ce qui amène une discussion entre les meneurs , dont le résultat a été que le chef de la division de Lyon resterait en liberté.

Sa gloire est d'avoir dirigé la députation lyonnaise qui a sauvé de la destruction la belle statue équestre de Lyon.

M. Bourdin s'étant mis a la tête d'environ cinquante mille hommes déterminés , réunis sur la place Bellecour, se rend par la rue Saint-Dominique à la préfecture du Rhône , où se trouvait M. Martin-Bernard , chef du gouvernement provisoire.

Un traité verbal a été passé entre M. Martin-Bernard et M. Bourdin , pour conserver la statue équestre de Louis XIV , chef-d'œuvre de Lemot; dans ce même lieu, le 27 janvier 1601, un traité a été passé entre le roi Henri IV et le duc Charles-Emmanuel , duc de Savoie , pour annexer à la France la Bresse et le Bugey.

Le bâtiment de la préfecture vient d'être vendu par la ville ; le marteau démolisseur de 1860 va le faire disparaître.

Sa gloire , enfin, est d'avoir été le professeur du général du génie de Bouscaren , celui qui est mort le premier en Afrique, pour S. M. l'empereur Napoléon III.

Vie de Savant.

La maison de Ragny a donné des gouverneurs et des gouvernantes aux enfants du roi Henri II , aux enfants du roi Henri IV, aux enfants du roi Louis XIV.

Le marquis de Ragny VII° a été le gouverneur de la personne de Louis XV , dit le bien-aimé , il a conduit son élève au titre le plus doux que le cri du cœur défère au meilleur des monarques Son père a été le gouverneur de la personne de Louis XIV , dit le Grand , il a conduit le grand roi au titre

que la renommée donne aux héros ; il lui a appris à agir et à mourir en roi.

M. Bourdin a payé dignement sa dette au travail matériel en faisant tourner au profit de son intelligence et de son caractère les cruelles épreuves qu'il eut à subir.

Il n'a pas dédaigné l'humble rôle de professeur , et d'apporter a ce rude labeur toutes les ressources de son esprit.

L'homme grandit dans la lutte et dans la souffrance.

Riche de ses propres observations et des connaissances qu'il a acquises avec les célébrités dont il a recherché les liaisons , la science l'a appelé à sanctionner l'énergique et nécessaire élan du progrès , dans sept académies. (Voir les *Annales* de l'académie universelle des Arts et Manufactures de Paris , qui s'imprime chez Michels-Carré , le numéro du 25 juin 1857 et celui du 1er juin 1859).

Il est aujourd'hui Président inamovible de l'Académie universelle des arts et manufactures , sciences , musique , belles-lettres et beaux-arts de Paris.

Il a reçu des diplômes qui le nomment président d'honneur de la Société des Arts , membre de la Société des Sciences industrielles , de la Société royale universelle de Londres, de l'Académie des arts et métiers, du comité des Archivistes de France ;

Qui le nomment enfin membre de l'académie Flosalpine d'Embrun et de la société des Amis chrétiens , fondée par Monseigneur de Péry , évêque de Gap , grand-maître de cette académie

Il a été appelé au Congrès scientifique de France , tenu à Grenoble en 1857 , et au congrès scientifique d'Auxerre , en 1858 , pour donner son avis sur le percement de l'isthme de Suez et sur les questions proposées dans le programme.

Son avis a été que le percement de l'isthme peut donner un nouvel empire colonial à la France, en face de la Chine ouverte , du Japon ouvert, des Indes réorganisées , peut donner à notre commerce transocéanien, concurremment avec les autres nations , les immenses ressources de l'Asie.

L'héraldique l'a appelé à la noble étude des familles et des généalogies historiques , particulièrement des familles du Lyonnais, que les Ragny-Villeroy ont fait ennoblir , ou plutôt à l'étude de la morale en action , qui est celle de l'expérience des siècles et de toutes les vertus sociales et politiques

L'industrie , demandant un patronage , a placé son nom dans ses conseils de surveillance (voir l'*Indicateur* , moniteur officiel des chemins de fer à Lyon , du 23 février 1855).

Notre marquis de Ragny n'a encore écrit ses grands ouvrages qu'à huis-clos, peu soucieux d'une publicité dont il n'a pas besoin ; mais sa multitude de notices , de précis , de chroniques et de commentaires l'ont préparé à la tâche d'écrivain.

Le 25 juin 1857, il a été désigné par l'Académie pour un prix d'honneur; le 10 décembre suivant , près de la Seine , dans le palais de l'hôtel-de-ville de Paris , l'élite des savants de France lui a décerné par brevet , une abeille d'or et de diamant.

Le 5 juin 1662 , le marquis de Ragny V° a été désigné par l'élite de la noblesse de France pour un prix d'honneur , comme vainqueur du superbe carroussel donné sur la place qui en a conservé le nom , devant le palais des Tuileries , en mémoire de la triple alliance entre la France , l'Angleterre et la Hollande; près de la Seine, dans le palais des Tuileries, il a reçu de la mère de Louis XIV un diamant fort riche.

En 1855, notre marquis de Ragny se trouvant a Paris, a fait un appel aux savants et aux industriels de tous les pays que l'exposition universelle de Paris avait réunis dans la capitale de la France , pour fonder l'Académie universelle des arts et manufactures.

Ses collègues : MM. Le Roi, le duc de Bellune, le prince de Rohan, Mgr. de Pery, évêque de Gap , Mgr. Pallu-Duparc, évêque de Blois, Lamartine , de Bixio , ancien ministre , Mgr. de Prilly, évêque de Châlons , mort en 1860, doyen de l'épiscopat français , et les autres membres lui ont décerné, dans l'acte des statuts de la société , le titre de *Président inamovible*.

M. Ed. Rigo , journaliste de l'académie, a publié que l'Académie universelle était l'école préparatoire de l'Académie française et de l'Institut.

En 1724 , le marquis de Ragny VII° se trouvant à Lyon , a fait un appel aux savants du Lyonnais , déjà réunis en société savante, pour fonder l'Académie des sciences, belles-lettres et arts de Lyon , et il les a réunis le mardi 12 décembre 1724 , dans le palais de l'archevêque de Lyon , son neveu.

Il a obtenu du roi Louis XV une lettre patente qui autorise cette fondation , et les membres de cette académie lui ont décerné le titre de *protecteur inamovible*.

Sous le titre de Biographie des hommes remarquables de Lyon, M. Romiguière a tracé dans le *Progrès industriel*, journal de Lyon , à la date du 24 février 1855 , un magnifique portrait de M. Bourdin de Mont-Réal ; on y trouve ce qui suit

« Citer le nom de M. Bourdin de Mont-Réal, » c'est rappeler un des plus grands noms historiques qui honore notre époque , la gloire » scientifique la plus vaste des temps modernes. » Il semble qu'il n'y ait pas une branche des » connaissances humaines qui ait échappé à » ses recherches : législation , anatomie comparée , histoire , musique , il a tout étudié , » il a tout appliqué à son esprit puissant.

» La société des arts , sciences et belles-» lettres de Paris lui a envoyé sa riche décoration de président d'honneur de sa compagnie ; l'Académie des arts et métiers lui a » adressé une couronne d'argent et la médaille » d'or ; elle a placé son nom dans les rangs de » ces hommes célèbres à tant de titres, dont la » France peut s'honorer et s'enorgueillir, dans • la même compagnie qui a reçu l'abbé Rozier, » dit le Columelle français , directeur de la » pepinière du Lyonnais ; de Jussieu , l'un » des plus célèbres botanistes du XVIII° siècle; » Soufflot, l'architecte de l'Hôtel-Dieu de Lyon, » etc.

» M. Bourdin n'avait que faire de ces honneurs dont souffre sa modestie, etc. »

Vie de Travail.

La maison de Ragny , sous ses noms et titres de Créqui , de Lesdiguières , de Retz, de Villeroy , de Bourdin , a fait la plus profonde politique de l'histoire de France ; elle se trouve liée avec le cours des choses qui ont fait le destin du monde.

M. Jacques Bourdin a été honoré par brevet d'une épée d'honneur , d'une abeille d'or et de diamant et de deux médailles d'or ; voici les travaux qui lui ont mérité ces récompenses

PREMIER TRAVAIL.

M. Bourdin , en recherchant l'amélioration dont serait susceptible l'état politique et social de la France , a posé les bases d'un programme économique qui renferme à lui seul toute une transformation sociale; en voici l'exposé :

La première partie de son travail est un traité de legislation française , ou code des codes, théorique et pratique, mise en présence de toutes les législations du monde.

Le but de ce travail est de soumettre la volonté humaine aux-améliorations et à l'experrence des doctrines de toutes les jurisprudences de l'univers , de mettre un terme aux revolutions , de rendre sans trouble ce que la contre-révolution n'a pas replacé; d'opérer une révolution sociale par un retour aux principes sans mettre en usage les passions ; par un retour a la morale sans l'emploi de l'habileté , de manière que chaque citoyen soit fier de son droit et fier de remplir les devoirs de sa condition

Il ne présente a l'activité des esprits que les

meilleures solutions, consenties et ratifiées d'avance par la jurisprudence de tous les peuples ; il dégage et met en lumière le juste, le vrai et le bien pour l'opposer aux theories absolues : enfin, il fait cesser le déplorable antagonisme qui existe entre l'indépendance et le pouvoir.

M Bourdin a fait pour notre époque ce que Marillac a fait pour Louis XIII, ce que Domat a fait pour Louis XIV, ce que Montesquieu a fait pour Louis XV.

Son travail a été annoncé dans le nobiliaire universel de M. le vicomte de Magny, en 1854, et dans la *Revue des Sciences* du 1er janvier 1858, rédigée par le docteur Lunel, de Paris.

M. Bourdin, en recherchant la conscience du parfait légal et inflexible, pour l'opposer à la conscience individuelle et mobile, a posé les bases d'une nouvelle philosophie

Cette deuxième partie de son premier travail est fondée sur l'organisation de l'homme, c'est-a-dire sur les deux principales facultes de l'entendement, qui sont : l'element matériel qui émane de la sensibilité ; l'élement de la pensée qui émane de l'intelligence.

Son système résout toutes les questions de la politique moderne, savoir : le droit des séparatistes et celui des anti-séparatistes, celui des annexionnistes et des conservateuis, celui de l'ordre des faits et de l'ordre des idées et des sentiments ; celui de la volonté d'un peuple contre une propriéte nationale qui appartient à l'Eglise ; celui de l'obéissance et de la résignation ; celui du libre-échangiste et du protectioniste du travail national ; celui de l'industrie et de la charité, etc.

DEUXIÈME TRAVAIL.

La première partie de ce deuxième travail est une classification de toutes les connaissances humaines ; en voici l'exposé :

L'entendement perçoit par les sens dans l'élément materiel des idées, sur la grandeur et sur l'ensemble des êtres qui composent l'univers, d'où les sciences mathématiques et physiques. Il perçoit de même les idees sur les produits de la nature, d'où les sciences agricoles, industrielles et médicales.

L'entendement perçoit par l'intelligence dans l'élément de la pensée des idées sur les peuples et leur direction, d'où les sciences historiques et politiques ; il perçoit de même des idées sur l'esprit et son usage, d'ou les sciences philosophiques et artistiques.

Par la méthode dichotomique et avec l'aide de mots archaismiques tires du grec que notre langue a francisés, M. Bourdin donne des classifications a toutes les sciences.

Voici l'exposé de la classification du célèbre M. d'Alembert, pour en faire la différence avec celle de M Bourdin.

M. d'Alembert a fondé sa classification des sciences sur trois facultés de l'homme : 1° la mémoire, d'où il fait descendre l'histoire générale ; 2° la raison, d'où il fait descendre la théologie, la logique et la morale, les mathématiques et la physique ; 3° l'imagination, d'où il fait descendre la poésie et les beaux-arts.

La deuxième partie du deuxième travail de M. Bourdin est une histoire intellectuelle du Lyonnais, Forest et Beaujolais ; celle des gouverneurs, lieutenants-gouverneurs et préfets, qui ont administré ces provinces avec l'historique de leurs actions. Voici un précis de ce travail.

LYON SOUS LES ROIS BURGONDES,

d'après Duchesne (*Histoire des rois et comtes de Bourgogne*).

Gaudisèle, epoux de Theudelinde,
Gondicaire, ou Gundahaire,
Gondioc, époux de Caretène,

Gondebaud, ou Gondewald,	Chilpéric, roi de Bourgogne	Godegisèle, époux d Heudelinde
Sigismond, roi Lyonnais,	Ste. Clotilde, épouse de Clovis,	

Thierri I, roi de Metz ;	Clodomir, roi d Orléans,	Childebert, roi de Paris époux d Ultrogothe	Clotaire, roi de Soissons

On attribue à Gaudisèle la fondation du château de Mont-Réal, en 408 ; à Gondicaire, la conquête du Lyonnais ; à Gondioc, l'érection de Lyon en capitale de la Bourgogne, la construction de l'ancienne église de Saint-Etienne, en 470, et celle de St-Michel-d'Ainay, où son épouse Carétène a été inhumée ; à Gondebaud, la publication d'un code dit loi Gombette, et la fondation d'un château à Ambérieux ; à sainte Clotilde, la conversion de Clovis Ier, après la bataille de Tolbiac, en 496, à Godegisèle, la fondation de l'abbaye Saint-Pierre de Lyon (clergé de France), à Childebert, la fondation de l'Hôtel-Dieu de Lyon son nom a été donné à une rue ; on lui attribue aussi la fondation de l'église Saint-Paul et celle de Sainte-Eulalie, aujourd'hui Saint-Georges ; enfin à Clotaire Ier l'alliance de son fils Sigebert Ier avec Brunehaut et celle de son fils puiné Chilpéric Ier avec Frédégonde.

Lyon est devenu la propriété d'Ermengarde, fille de Louis-le-Débonnaire, mariée à Bozon, roi de Lyon, en 879, et ensuite de son archevêque Burchard, neveu du roi Lothaire II, et des archevêques ses successeurs, de 1032 à 1305 , et s'est trouvé de nouveau sous l'autorité des rois de France

GOUVERNEURS DU LYONNAIS SOUS LES ROIS

1. Jean de Berri , frère du roi Charles V, descendant de Hugues, dit Huguonin de Mont-Real , par le roi Philippe VI , neveu du sire de Mont-Réal, son aïeul , par le roi Jean dit le Bon, son père ,   de 1561 à 1416.
2. Gilbert de La Fayette,   de 1416 à 1462.

L'administration de Jean de Berri a vu l'invention de la boussole, en 1410 , par Flavio Gioja ; c'est Jean de Berri qui a établi à Lyon une sénéchaussée dans le palais des seigneurs de Roanne , en 1364. L'administration de Lafayette a vu l'invention de l'imprimerie , en 1446.

Lyon , sous le ministère de Florimond Robertet , gendre de Marguerite Bourdin , secrétaire d'Etat des rois Charles VIII, Louis XII , François Iᵉʳ, de 1478 à 1542 , vivait Jean de Haut-Bourdin , grand-maître de France , mort en 1466.

GOUVERNEURS.

3. Tanneguy du Chastel ,   de 1462.
4. Cesar Borgia ,   de 1498.
5. Jean-Jacques Trivulce ,   de 1515.
6. Theodore Trivulce ,   de 1515.
7. Pompone de Trivulce ,   de 1552.
8. Le cardinal de Tournon ,   de 1556.

Lyon , sous le ministère de Jacques Bourdin , secrétaire d'Etat de 1549 à 1568 , celui qui convertit le château du Louvre en un palais, en 1558 , et qui a fait élever le château des Tuileries, en 1564.

GOUVERNEURS.

9 Jean d'Albon , dit St-André ,   de 1540.
10. Jacques d'Albon , son fils , de 1550.
11. Jacques de Savoie , duc de Nemours ,   de 1562.

Lyon , sous le ministère de Nicolas de Neufville , neveu de Jacques Bourdin , secrétaire d'Etat de 1567 à 1617 (cinquante ans).

GOUVERNEURS.

12. François de Mandelot, marié à Eléonor Robertet, petite-fille de Marguerite Bourdin ,   de 1571 à 1588.
13. Le duc de Nemours , issu de Louis XII,   de 1588 à 1593.
14. César de Vendôme , neveu de Marguerite Bourdin , par Gabrielle d'Estrée, sa mère, et le roi Henri IV , son père, de 1595 à 1612.
15. Charles de Neufville, fils du ministre, Nicolas de Neufville, secrétaire d'état, de 1612 à 1642.
16. Nicolas de Neufville , fils du précédent, premier duc de Villeroy,   de 1642 à 1685.
17. De Ragny VII (François de Neufville) , fils du précédent, 2ᵉ duc.   de 1685 à 1730.
18. De Ragny VIII (Louis-Nicolas), fils du précédent, 5ᵉ duc ,   de 1750 à 1754.
19. Louis-François-Anne de Neufville , fils du précédent, de Ragny IX honoraire ,   de 1754 à 1765.
20. Gabriel-Louis-François de Neufville, neveu du précédent, de Ragny X honoraire , mort sous la hache révolutionnaire de Paris,   de 1765 à 1794.

Lyon a eu vingt gouverneurs , en quatre cent trente-trois ans , de 1361 à 1794 , et vingt-sept préfets, en soixante ans , de 1800 à 1860 , dont nous allons donner les noms .

1. Verninac de St-Maur ,   de 1800.
2. Najac (le comte),   de 1801.
3. Bureaux de Puzy ,   de 1802.
4. D'Herbouville (marquis) ,   de 1805.
5. De Bondy (le comte) ,   de 1810.
6. Chabrol de Crousol ,   de 1814.
7. Fourier (le baron),   de 1815.
8. Pons de l'Hérault ,   de 1815.
9 Chabrol (de),   de 1815
10. Lezay-Marnezia ,   de 1817.
11. Tournon (de) ,   de 1822.
12. Brosse (le comte) ,   de 1825.
13. Paulze d'Ivoy ,   de 1830.
14. Bouvier-Dumolard ,   de 1831.
15. Gasparin (de),   de 1831.
16. Rivet ,   de 1833.
17. Jayr ,   de 1840.
18. Chaper ,   de 1847.
19. Arago ,   de 1848.
20. Martin-Bernard ,   de 1848.
21. Ambert ,   de 1848.
22. Tourangin ,   de 1849
23. Darcy ,   de 1849.
24. Coste (de la),   de 1849.
25. Vincent (de) ,   de 1851
26. Bret ,   de 1852.
27. M. Vaïsse ,   du 1ᵉʳ avril 1855.

On a cru se dispenser de nommer les vingt-sept lieutenants-gouverneurs de Lyon , de 1513 à 1794 , dont le plus grand nombre appartient à la maison de Ragny ; on peut trouver ces noms dans l'histoire des gouverneurs de Lyon par M. Ant. Péricaud aîné , de Lyon.

Voici l'historique des actes administratifs des gouverneurs de Lyon , du roi Louis XI au roi Henri IV. On attribue :

5. A Tanneguy la fondation du portail de Saint-Jean et la chapelle dite de Bourbon, en 1461 ; l'introduction, à Lyon, de l'art des étoffes d'or et de soie , en 1466 ; celui de l'imprimerie , en 1476 ; l'édit qui ennoblit les echevins , enfin un code de la loi dans la justice ; son administration a vu l'invention de l'électricité par Guérick, en 1467;

7. A Pompone de Trivulce les fortifications de Lyon ; il était contemporain de Cléberger, dit l'*Homme de la Roche* ;

8. Au cardinal de Tournon la construction

du portail de St-Nizier par Philibert Delorme, les fabriques de soieries de Turquet et Nériz, en 1556 ;

10. A Jacques d'Albon le siége présidial de Lyon, cour d'appel actuelle, en 1551;

11. A Jacques de Nemours la justice rendue au nom du roi.

On attribue :

12. A Mandelot la boucherie de l'Hôtel-Dieu, en 1470 ;

13. A Charles de Neufville la poste aux lettres, en 1607 ; l'hospice de la Charité, en 1617; le monastère des Carmélites, montée de ce nom, n° 55; le Petit-Collége, en 1629; la chapelle des échevins, dite des Feuillants, dans la rue de ce nom, sous le vocable de saint Charles Borromée, son patron, en 1659 ; son administration a vu l'invention du gaz, par l'abbé Marcotte;

16. A Nicolas de Neufville l'hôtel-de-ville de Lyon, le 5 septembre 1646, jour de l'anniversaire de la naissance de son élève, le roi Louis XIV ; le tribunal de la conservation, en 1648; le palais Saint-Pierre, aujourd'hui le palais des Arts, en 1667; son administration a vu l'invention des chemins de fer par le marquis de Worcester, en 1649 ;

17. A François de Neufville l'éclairage des rues, en 1697; la cour des monnaies en 1704; la chambre du commerce, en 1702; le Grand-Collége et la Bourse, en 1706 ; la statue équestre de Bellecour, en mémoire de la paix d'Utrecht, en 1715 ; le Grand-Théâtre, en 1725; l'Académie des sciences, belles-lettres et arts de Lyon, en 1724 ;

18. A Louis-Nicolas, son fils, de Ragny VIII, la bibliothèque de Lyon ;

19. A Louis-François-Anne, de Ragny IX honoraire, le quai de Retz, pour rappeler que la maison de Gondi de Retz s'est alliée trois fois à celle de Ragny ; des ponts sur la Saône, en 1745; l'école de dessin, en 1751 ; le théâtre Soufflot, en 1754; la façade de l'Hôtel-Dieu, en 1755 ; la société d'agriculture, en 1760, et l'école vétérinaire en 1762 ;

20. A Gabriel de Neufville, de Ragny X honoraire, le pont Morand, en 1774; le premier bateau à vapeur par le marquis Jouffroy, en 1776 ; le premier aérostat, par Montgolfier, en 1784; le pont de l'archevéché, dit de Tilsitt, en 1792.

Lyon peut encore inscrire un autre programme sur le registre glorieux de ses fastes modernes, accompli par ses préfets, dont la tâche a été de replacer ce que la révolution avait renversé.

On attribue ·

1. A M. de Verninac le rétablissement de l'Académie fondée par Villeroy, en 1801 ;

2. A M. de Najac le tissage par la machine Jacquard ;

5. A M. de Puzy le rétablissement de la chambre de commerce, en 1803, et la chapelle de Fourvière rendue au culte, en 1804 ;

4. A M. d'Herbouville le rétablissement des baillages, sous le titre de Prud'hommes ;

5. A M. de Bondy, le mont-de-piété, en 1810.

11. A M. de Tournon la Société linéenne, présidée aujourd'hui par M. Mulsant ;

12. A M. de Brosses le rétablissement de la statue de Bellecour, fondée par de Ragny VII, en 1826; la reconstruction du théâtre Soufflot.

Enfin le programme glorieux s'est accompli comme il suit, par M. Vaisse, sénateur

La reconstruction de la Bourse fondée par François de Neufville, sous le titre de Palais du Commerce et de l'Industrie ; le rétablissement des institutions de bienfaisance fondées à Lyon par l'archevêque Camille de Neufville, sous les titres de cité ouvrière, asiles, société de Secours mutuels, etc. ; initiative du Préfet dans les grandes questions administratives et industrielles, comme le faisait jadis Nicolas de Neufville, archevêque de Lyon ; restauration de l'hôtel-de-ville, pour en faire le palais du gouvernement avec une large rue pour y conduire; le Jardin des plantes remplacé par un parc d'agrément

Lyon est devenu la seconde ville de France, parce que les Villeroy recevaient dans leur palais du gouvernement les hautes capacités de l'époque, qu'ils ennoblissaient pour les empêcher de faire des spéculations de commerce.

Ce dernier article réalisé, Lyon peut redevenir la première ville industrielle du monde.

On lit dans l'*État politique du Dauphiné*, par Chorier, tome I, page 28, que la maison de Ragny a donné au Dauphiné trois gouverneurs, qui sont : De Ragny III, de Ragny V et de Ragny VI, et six lieutenants gouverneurs.

On lit dans l'*Histoire de la Bresse*, de Guichenon, que la maison de Ragny a donné à la Bresse sept lieutenants gouverneurs.

On lit dans la *Chronologie militaire* de Pinart, tome I, page 589 : Que le marquis de Ragny I a été gouverneur du Nivernais, du 28 avril 1597 au 16 mars 1620 ; il avait pour lieutenants son fils Jacques, comte de Ragny, et son neveu, Edme de Rochefort.

SOMMAIRE

DE

L'ETUDE HISTORIQUE sur les Membres de la Maison de RAGNY.

Cette Etude forme un cours d'étude sociale ; elle présente l'histoire des rois Burgondes à Lyon , celle des gouverneurs du Lyonnais ; celle des vingt-sept préfets du Rhône , avec l'historique de leurs actions ; celle de la fondation des monuments et des institutions.

INTRODUCTION.

DIPLOMATIQUE : Lettre patente du roi Henri IV. — GÉOGRAPHIE . Territoire de Ragny , la forteresse de Mont-Réal , sa basilique. — ORIGINE : la maison de Ragny a été appelée par le roi Henri IV pour continuer la lignée des Mont-Réal , qui a pris part à toutes les croisades. — GÉNÉALOGIE . les diverses branches de cette maison. — HERALDIQUE : Ses armoiries , ses emblêmes , ses devises , ses noms , ses titres , ses décorations, ses services à l'Etat ; elle a donné dix-sept maréchaux de France , seize ministres secrétaires d'état , vingt-un évêques et des chevaliers de Malte , dont trois , sous le titre de Ragny , appartenaient au grand-prieuré de Champagne

PREMIÈRE PARTIE.— Vie passive de la maison de Ragny.

ARCHITECTURE : ses châteaux historiques. — ALLIANCES : elle s'est alliée à Louis Bonaparte de la branche de Corse, en 1632 ; elle a réuni par une alliance le sang des Bourdin à celui des Lesdiguières et à celui des Villeroy , en 1617. — CHARTE : origine de ses titres de noblesse , inscrits sur les registres de l'église Saint-Paul de Lyon , et des titres de la noblesse qu'elle a instituée à Lyon. — ARCHÉOLOGIE : ses monuments commémoratifs.— SCULPTURE : ses statues. — ICONOGRAPHIE . ses portraits à Versailles et autres Musées. — EPIGRAPHIE . inscriptions de ses pierres sépulcrales dans sa chapelle , à Notre-Dame-de-Paris, ses titres donnés à des rues et à des portes de villes — NUMISMATOGRAPHIE : ses médailles. — LITTERATURE ses écrivains, ses poètes, ses journalistes. — BIBLIOGRAPHIE : livres qui lui ont été dédiés.

DEUXIÈME PARTIE. — Vie active de la maison de Ragny.

BIOGRAPHIE : Sa vie sociale et politique ; elle a reçu une lettre du roi Henri IV, en 1594, une autre de S. A. I. la princesse Mathilde Bonaparte , en 1854. Séjour des Ragny à Grenoble , à Auxerre , à Lyon. — PHILANTHROPIE : sa vie de dévoûment à la France en Egypte , au tribunat , au conseil d'Etat , en Italie , en Allemagne , en Espagne , en Russie , à la chambre des députés ; elle a reçu un brevet d'honneur de l'autorité lyonnaise pour ses services à l'enseignement populaire, pour un don de livres à la grande bibliothèque de Lyon , pour un cadeau princier aux églises de Lyon , pour des actes de courage et de désintéressement dans les grands jours de 1848. — PÉDAGOGIE : elle a donné un gouverneur à la personne de Louis XIV et à celle de Louis XV. — VIE DE SAVANT : dans sept académies savantes et au Congrès scientifique de France ; elle a reçu deux prix d'honneur en séance solennelle , l'un à l'hôtel-de-ville de Paris , l'autre au palais des Tuileries. Elle a fondé deux académies savantes , l'une à Paris, sous le titre d'Académie des sciences , belles-lettres et arts ; portrait du représentant de cette maison par M. Romiguières. — PHILOMATHIE : elle compte dans ses ancêtres les trois plus grands ministres de la Renaissauce des lettres : Florimond Robertet, Jacques Bourdin et son neveu Nicolas de Neufville ; elle a reçu à titre de récompense une épée d'honneur , une abeille d'or et de diamants et deux médailles d'or , pour son traité de législation , pour sa nouvelle philosophie , pour sa classification des connaissances humaines , pour son histoire intellectuelle.

On trouve cette Etude chez M. RICHARME , libraire, quai de l'Hôpital, 44, à Lyon.

ROANNE. — Imprimerie de FERLAY.